Dehaam isses aach ganz schee

Dehaam isses aach ganz schee!

Fröhliches in Frankfurter Mundart von H.P. Müller

Herausgegeben
von Henriette Kramer

Verlag Waldemar Kramer

Die Gedichte dieser Auswahl sind folgenden Büchern entnommen. Sie sind alle im Selbstverlag von H. P. Müller in Frankfurt am Main erschienen:

Frankfurter Küch und Sprüch, 1975
Lachhannes. Frankfurter Vers'cher und Bildercher, 4. Aufl., 1976
2. Lachhannes. Frankfurter Vers'cher und Bildercher, 3. Auf., 1976
3. Lachhannes. Frankfurter Vers'cher und Bildercher, 2. Aufl., 1977
Frankfurter Winterbichelche, 1977
Sonniges Frankfurt. Frühling-Sommer-Herbst-Bichelche, 1978
Fröhlichkeite – Lachende Mundart, 1981
H. P. Müller's Heiterkeite, 1983
Ei guckemal da! Allerlei fröhlich' Reimerei, 1989

ISBN 978 3 7829 0587 9
www.frankfurtbuecher.de
Umschlag: Peter H. Schäfer, Frankfurt am Main
Druck: betz-druck GmbH, Darmstadt
Buchbinderische Verarbeitung: Schaumann GmbH, Darmstadt

Inhalt

Unseraans

Ich hab e Gärtche hinner’m Haus

Von de Reimerei

Was zum Deklamiern

Vom Essen und Trinken

Liebes von de Lieb'

Zum guten Schluss

Vorwort

Im Jahr 1998 legte der gebürtige Frankfurter aus Heddernheim H. P. Müller (Heinz Philipp Müller), im Alter von 78 Jahren den Stift für immer nieder. Viele Freunde der Frankfurter Mundart haben die so treffenden, fröhlichen Verse und Gedichte des wunderbaren Lokaldichters seitdem schmerzlich vermisst.

Mitte der 60er Jahre begann H. P. Müller, von Beruf war er Elektrokaufmann, Francofurtensien zu sammeln und fing bald selbst an, für seine Vaterstadt zu schreiben. Er hatte ausdrücklich im Sinn, damit für Frankfurt zu werben und legte seine Bücher im Selbstverlag auf. Sicher fand er aber auch den Ausgleich zum Alltag indem er Verse schmiedete:

Glücklich is wer dann un wann
mal was Scheenes reime kann.
So setzt sich dann der Reimer Heinz
am Abend hie un reimt sich eins.
(Seite 57)

H. P. Müller spricht, in seiner liebenswerten Frankfurter Mundart, dem Leser aus der Seele, wenn er von alltäglichen Dingen dichtet, in denen sich jeder wiedererkennt und unwillkürlich darüber lachen oder schmunzeln muss. Sein zehntes Todesjahr nehmen wir zum Anlass, diese Auswahl seiner Gedichte herauszugeben, um sie den Fankfurter Mundartfreunden endlich wieder zugänglich zu machen.

Im Jahr 1981 schrieb H. P. Müller zu Beginn seines Büchleins „Fröhlichkeite“:

Iwwrigens,
ich wollt emal so gern
en große Dichter wern.
In Frankfort war des bleede,
merr hatte schon den Geede.

Da habb ich merr für mich gedacht,
de Leut’ e bisse Freud gemacht
is aach net schlecht –
hab’ ich net recht?

Wir finden das kleine Gedicht so treffend, dass wir auch dieses Buch damit beginnen und wünschen viel Vergnügen beim Lesen, Vorlesen und sich Wiedererkennen!

Im September 2008
Henriette Kramer

NUR FÜR FRANKFORTER

Die letzte Frankforter

Wir Frankforter wern knapp.
Es is mer en Graus.
Wenn ich iwwerleg: Vielleicht sterwe mer aus!
Es wird aam ganz annerst wenn mer draa denkt:
Vielleicht wern mer –
wie die Indianer – verdrängt!
Frankfort werd' wie die Vereinigte Staate
un wir komme in'n Stadtwald – in Reservate.
Dort derfe mer babbele, traatsche un schwetze,
en Schobbe Ebbelwei derfe mer petze,
Handkäs mit Mussik achele und Hartekuche…
Un die Forscher duhn
forsche – un uns unnersuche.
Mer wern beschmust, geehrt, uff Hände getrage
un außerdem hammer noch: Nix mehr zu sage!
Es komme Besucher von Ferne und Nähe,
mer sin sogar gege Eitritt zu sehe,
ein Kulturdokument besonderer Weise –
Studente un Schulklasse halbe Preise.

Des kann uns all blühe!

Um noch weiter zu gehe,
Am Schluss kann mer uns im Senckenberg sehe:

De letzte Frankforter
wie er en Schobbe Ebbelwei robbt,
mit Seegras un Lumpe schee ausgestobbt,
bewunnert von alle Gesamtschuleklasse
un e Schild draa:

„homo francofurtensis
ausgestorbene Rasse."

Awwer!
Noch is Frankfort net verlorn!
Ob Eigeplackter, ob hier geborn:

Die Weltstadt, die Geldstadt,
was geht uns des aa
wir wolle nur aans:
unser Frankfort am Maa!

„Eigeplackte"

Es lebt sich schee in dere Stadt,
die soviel fremde Landsleut hat,
die lewe duht un lewe lässt,
die Eigeborne un die Gäst.

Die Neubürger, die sin e Sort,
die einstens von em annern Ort,
egal warum, sin zu uns komme
un dann ihr'n Wohnsitz hier genomme.

Wenn die dann lewe hier voll Freud,
verstehe sich mit alle Leut,
un lewe hier in Frankfurt gern,
dann duhn des „Eigeplackte" wern.

Sie duhn zwar noch ihr Mundart schwetze,
doch duhn se Ebbelwei gern petze
un esse Handkäs unscheniert,
merr secht heut: „die sin integriert".

So Leut, die hawwe merr hier gern,
weil des aach Frankforter duhn wern
un öfters bessere sogar
wie mancher, der hier immer war.

Wenn aaner abber nur duht maule,
duht annern un sich selbst vergraule,
der krieht kaa „Eigeplackte-Ehr“!
En „Hergelaafene“ is der!

Nur für Frankfurter

Friedrich Stoltze schrieb
was man so um Frankfurt trieb:

Da stecke mer,
mir Eckemer,
Da hocke mer,
mir Bockemer,
Mir Enkemer,
da henke mer,
Da lerne mer,
mir Bernemer,
Da schließe mer.
mir Griesemer,

Doch wir setzen fort
diesen Dichtersport:
Jetzt redde mer,
mir Heddemer,
da staune mer,
mir Praunemer,
da spinne mer,

mir Ginnemer,
da bleche mer,
mir Eschemer,
da spare mer,
mir Haremer,
des maane mer,
mir Schwanemer,
des losse mer,
mir Sossemer,
mir Rödelemer –
was blödele mer!

Reibekuchen undsoweiter

Wir Frankforter, des wisse alle,
wir lasse uns arg viel gefalle!

Da kimmt merr von Gottwaaßwo her
un maant, Gottwaaßwer dass merr wär
un fängt gleich aa un duht sich eile,
an unsrer Sprach erumzufeile.

In München deht des kaaner mache,
da deht des ferchterlich gleich krache,
wenn so ein „Preiß“ macht Klöß aus Knödel –
der deht schee ausseh’ dann, der Blödel.

Jedoch bei uns is nix verbotte:
Aus Geeleriewe wer’n Karotte,
wer Pannekuche möcht versuche
krieht Puffer odder Reibekuche,
aus „Kreppel“ merr „Berliner“ mecht …
Ich waaß, warum merr des als secht:
En Kreppel aach Berliner heißt:
Weil merr so weit des Maul uffreißt!

Alleweil uff de Zeil

Ach, was war des früher schee
an de Hauptwach sich zu seh'
an de Uhr uff *sie* zu warte,
en Spaziergang dann zu starte
ganz gemiedlich uff de Zeil –
heut is alles nur in Eil.

Du kimmst aus dem U-Bahn-Keller
werst im Tageslicht gleich schneller,
weil zum allgemeine Fluss
aach dei Gangart basse muss.

Aach die Leut, die heut da wannern
uff de Zeil – des sin ganz annern.
Jeder Zehnte ganz gewiss
heut en Mensch aus – *Frankfort* is.

Fremde Völker un Natione
die verdiene hier ihr Bohne
sieht mer mit de Dutte hippe.
Italiener, ganze Sippe,
Krolleköpp mit – net zu sage
rabeschwarze Kulleraage,
Schwarze, Hell- und Dunkelbraune
Gelbe – kaaner duht mehr staune –
un dezu die ganze Fremde
mit so Klaader aa wie Hemde
Amis mit em Berschteschnitt,
Japaner hawwe Fotos mit.
Ab un zu sieht mer aach Bayern
wenn se Feiertag dort feiern,
klaane Minimädcher, freche,
Gammler, haarig, ungewäsche.

Maxi sieht mer allewege
mit em Rocksaum Trottoir fege.

Un hier hawwe ihr Domäne
Zottelfranzesträhnemähne.
Ob se weiblich odder männlich –
höchstens an de Schuh erkennlich.
Wie die Ameise se ziehe –
hier kann mer ja alles kriehe.

Kaufhaus duht an Kaufhaus sitze,
dadezwische Kleiderfritze –
wie am Fade zur Parade
reiht sich Lade hier an Lade.
Aach en Sexshop, liederlich
un en annern – ganz voll Fisch.
Bretzel, Blumme, Namensschilder,
Zeitunge, gemalte Bilder –
un es kann aach zwischedrei
ab un zu en Bettler sei.

Kaafste aach e Los der blos –
hier kriehste Dei Geerscht'che los.
Bankfiliale un die Post
gewwe Geld Dir – wann de host!
In dem Trubel un Gewiehl
is de Rebbach nur im Spiel

maant mer.

Doch, Dich trifft der fast de Schlag,
uff de Zeil, am helle Tag (!)
knutsche sich zwaa weltvergesse,
kisse sich aach unnerdesse!

Früher war des ganz gewiss
öffentliches Ärjernis!

Moral?
Früher hat mer's aach gemacht
nur: haamlich! Un in dunkler Nacht!

Die Frankforter Schern

So manche Leut, die wüsste gern:
Was war dann eigentlich die Schern?
Mer deht als hör'n un deht als lese,
des wär echt Frankfort noch gewese,
Gemietlichkeit war zu erlewe,
e richtig Stick Alt-Frankfort ewe.

Ich gebb da jetzt die Antwort druff,
also basse Se gut uff:

In Frankfort gab des gut un gerne
seit siwwehunnert Jahr schon Scherne.
Des war'n bei uns die Metzgerläde,
un wenn Se vorstelle sich dehte:
Kaa Erkerscheib – un drin im Haus
de Metzger nur, de Kunne draus,
e owwer un e unner Klapp,
die unner Klapp klappt mer dann ab,
un wenn se senkt nach unne sich,
werd se die Thek, de Ladedisch.
Nach owwe klappt die owwer Klapp.
Am Abend klappt mer die dann ab.
Zusamme mit de unnern Klapp
schließt mer dann so de Lade ab.

Am Tag is drauße e Gestell,
die ‚Schern' – drum hieß die ‚Schern' se, gell?
Un dadraa bambelt dann im Wind
was mer an Worscht un Flaasch nur find'.

Die Scherne warn im Wortschquartier –
da warn die ganze Metzger hier.
Nur dort gab's Flaasch un Worscht zu kaafe
un musst mer von Gottwaaßwo laafe.
Vom Dom bis halb zum Römerberg
sogar als Aabau von de Kerch
vor etwa hunnertzwanzig Jahr'n
noch hunnertfuffzig Metzger warn!
Des war die Gegend von de Scherne.
Mer daht se nach un nach entferne,
nur aa blieb, iwwer alle naus
am Alte Markt – des Rote Haus.
Des war *die* Schern, die uns bewegt;
de Krieg hat se eweggefegt.

Die Schern wär' heut en Schnellimbiss.
Doch dass des heut was annerst is,
des glaawe Se mer doch gewiss?
Da krieht mer heut zur Hungerstillung
Bratwerscht mit geheimer Füllung.
Pommfrits mit Ketchup, Majonnäs,
des ist der der e äbsch Gefräß!

Doch an de *Schern* versorgt mer sich
mit Flaaschworscht, Geelworscht odder Stich,
Lewwer- Blut- un annern Werscht.
Un, ob Bettler odder Ferscht,
mer steckt des dann ganz ohne Gawwel
mit de Finger in de Schnawwel.

Mer wickelt der's uff Wunsch aach ei,
dann zur „Alt Eul“ nix wie enei.

Dort hält mer's Frihstick in die Höh,
der Ober sollt des doch gleich seh'!
Der kam dann mit Besteck un Deller –
So schnell wie heut, wahrscheinlich schneller,
un bracht e Dibbche Senf noch mit
un winscht en gude Abbeditt!

Mer trinkt e Schöbbche odder zwaa
un freut mit Kinner sich un Fraa
iwwer des schee Orchestrion,
des hat' schon damals Bild un Ton!
Zeh Fennig werft mer in die Kasse
un kann die Bobbe danze lasse,
en Hochzeitsball mit viele Paar'n!
Ich denk noch draa nach viele Jahr'n.

Drum denkt aach sonst noch mancher gern
an die Altstadt un die Schern
un des ganze Fluidum
was do war noch drumerum.

Un,
probier'n ses heut emal,
gehe Se in e Lokal,
packe aus ihr Frihstick keck
un verlange e Besteck,
ewefalls in Seeleruh
Deller noch un Senf dezu.

Un,
dann wünsch ich Ihne nur noch dass
dieser Wert versteht en Spaß.

Die Fressgass-Liegende

Na ja, sie guckt e bissi dumm,
sie is aus Staa un lieht da rum,
ganz naggisch! Un mer maant als fast:
deshalb – weil ihr kaa Klaad net basst.
Ihr Figur is füllig-voll…
was e Fraa so hawwe soll,
des hat se – un in Masse.
Des müsse merr ihr lasse.
Des derft aach kaa „derr Gaaß“ net sei.
Was wollt die in de „Freß“-Gass’ drei?
Mer sieht, des ihr des Esse schmeckt:
Schee faul hat se sich hiegestreckt.
Uff jeden Fall find’ ich die Nackte
bedeutend scheener als Abstrakte.
Wenn mer mich Kunstbanaus’ duht schenne:
Ich kann des Mensch als Mensch erkenne.
Sie duht mer laad, wie se da lieht,
weil ihr bestimmt nix Gutes blieht.
Sie werd verschandelt sei im Nu –
Aa Glick – sie lächelt nur dezu.

Aach des noch!

Merr soll's ja net für meeglich halte,
merr maant, merr krieht en Schlag, en kalte
mit eme Handtuch, eme nasse,
ei, is dann sowas noch zu fasse?

Im Urlaub war's, in em Hotel,
in eme ziemlich feine, gell,
– nur Engländer – wo's dann net steert,
wenn merr sei Muttersprach mal heert.

Ich hab mich gern aach unnerhalte
mit eme Ehepaar, em alte.
Ich redd, wie merr de Schnawwel steht,
e bissi deutlicher, wanns geht.

Merr merkt am annern seim Gesicht
ob er versteht, was merr da spricht,
ob unser Mundart en Genuss
odder merr hochdeutsch schwetze muss.

Hier konnt ich redde wie ich wollt,
doch hätt ich's nie net duhn gesollt.
Was kam, des hat mich fast erschlage,
des daht ich owwe ja schon sage.

Der Mann, der denkt e bissi nach
un segt dann: „Sie, ich kenn Ihr Sprach,
ich hab' sie schon einmal vernommen,
ich glaube, dass Sie aus der Gegend
von Offenbach kommen!!!"

FRIEHLING UN SOMMER

Friehlingsgedanke

Wenn aaner *die* Gedanke hat,
dann is er sexuell net satt,
dann fiehlt er in sich junge Liebe
un sin's aach nur Johannistriebe.

Doch frühlingt's aach in junge Gäns
und junge Gickel – kimmt de Lenz.
In Wald und Flur die Säfte steiche,
de Mensch, der fiehlt in sich des Gleiche.

Wenn mancher duht Gefiehle fiehle
un Friehlingskräfte in em wiehle,
en annern nur de Friehling merkt,
weil sich die Miedigkeit verstärkt.

Es duht sich die Nadur bemiehe,
die Blumme fange aa zu bliehe,
de Mensch duht Winterspeck entdecke
un mecht e Kur um abzuspecke.

Mit Diäte, Faste, Trimme
schafft mer's, dass die Forme stimme,
de Friehling der is sozusage
de Friehjahrsbutz für Sommertage.

Friehling in Hesse

Die nächst Woch' fängt de Friehling aa!

De Winter könne merr vergesse,
de Friehling kimmt zu uns nach Hesse,
de gehle Krokus blieht im Garte,
die Amsele duhn schon druff warte.

Wir warte – dass die Säfte steiche.
Ich hoff, Sie spier'n in sich des gleiche
un merke net in Ihrne Glieder
nur Schwäch' un wer'n noch däglich mieder.
Jetzt muss merr sich am Rieme reiße!
Jetzt gilts, de annern zu beweise:
Bei mir ist schon de Friehling da,
Ihr kommt die anner Woch erst draa!

Ostern im April

Selbst wenn's aus Offebach aach kimmt,
merr waaß doch nie, ob's Wetter stimmt.
Die hawwe dort viel Phantasie,
drum stimmt des immer-meistens-nie.

Wer sagt, dass Meteoro-loge
stets lüge duhn, der hat geloge.
Die wisse's halt nur ungefähr:
Manch kranker Knoche waaß da mehr!

Von linde Lüftcher bis zum Schnee
Kann alles im April gescheh'.
De wetterwendische April
mecht aach an Ostern was er will.

Un, werd's dem Has im Gras zu nass,
dann legt er in die Stubb uns was.
Die Eier muss merr all entdecke!
Sonst krieht merr Eierdotterflecke!

Fährt merr an Ostern raus ins Griene?
Gemeinsam in de Blechlawine?
Odder pflegt merr sei Figur
dehaam mit süße Torte nur?...

De ganze Sinn von meiner Redd:
Nix Gewisses waaß merr net!

Wo macht Ihr dann an Ostern hie?

Wo macht Ihr dann an Ostern hie?
Duht's Euch schon nach dem Süden zieh',
nach dauernd Sonnehimmelblau,
mit Wartezeit un Autostau?

Ich bleib dehaam un hier im Land,
ich lösch mer in de Sonn de Brand,
leg mich in'n Garte hinnerm Haus
un faulenz mich so richtig aus.

Un, wahrscheinds, fahrn mer mal an'n Rhei
un dunke dort die Schnut uns ei.
Es kann ja mal was annerst sei
als jeden Tag de Ebbelwei.

Noch aans! Des sag ich Euch jetzt all:
Des Auto bleibt dehaam im Stall,
ich fahr nur Bahn – odder ich laaf,
so kriehn die Ölscheichs mal ihr Straf!

Frohe Pfingste

Wo macht Ihr uff die Pfingste hie?
„Wie's Wetter wird, waaß merr ja nie:
Am Sonntag die Verwandte-Tour,
am Montag raus in die Nadur,
am Dienstag mittag, garkaa Frag,
geht's in de Wald zum Wäldchestag".

Jetzt hab ich awwer was zu frage.
Könne Sie's uff Aahieb sage:
Wo kimmt des Wörtche „Pfingsten" her?

„Fünfzig" haaßt's! Weil immerhin
seit Ostern fuffzig Tag dann sin,
un damals kam de heil'sche Geist
zu de Apostel aagereist.

Was gibts von Pfingste noch zu sage?

Merr duht sei neue Sache trage,
de Winterpelz, den zieht merr aus,
die Pfingstros wächst im Garte draus,
un mancher laaft zum Gaudium
der annern wie en Pfingstochs rum.
Un Pfingste ist e „lieblich Fest",
wenn merr de Geede redde lässt,
merr duht de Friehling draus genieße,
legt sich sogar uff nasse Wiese
un steert sich draa net im Geringste.
Na dann, gut Nass – un „Frohe Pfingste"!

Die drei Pfingstfeierdääg

Im Pfingstefeiern sin mer groß!
Des geht bei uns am Sonntag los.
Da geht gewehnlich mer spaziern,
die neue Kleider vorzufiehrn,
mer duht Verwandte aach besuche
am Mittag zu em Stickche Kuche.

Am Montag mer in'n Taunus mecht,
wobei mer dann noch witzig segt,
un duht sei Fraa am Händche fasse:
Ich will mein Drache steihe lasse.

Am Dienstag geht en halwe Tag
mit Müh mer seiner Awweit nach.
Doch mittags streicht mer schon die Segel
un zieht mit Fraa un Kind un Kegel
ins Wäldche hie bei Niederrad
wie mer's vor hunnert Jahr'n schon daht.

Dort hat mer Mensche, Bäum un Trubel,
hat Ebbelwei, Bier, Staab un Jubel!
E Gartewertschaft scheint de Wald,
von iwwerall die Mussik schallt,
jed' Karussell e anner Lied,
dass mer schon bald es Ferschte krieht.
Von jeder Losbud' werd gekrische,
de Vogeljakob pfeift dezwische,
un alles freut sich un is friedlich,
was sin mir Frankforter gemietlich!

Mer hockt an lange Tisch uff Bänk,
die Sorje kriehe all die Kränk,

es fällt aam noch der Geede ei:
Hier bin ich Mensch, hier derf ich's sei!
Des is mer dann bis in die Nacht,
dann werd sich endlich haamgemacht.

Un wenn Se noch net drauße war'n
un wolle jetzt von mir erfahr'n:
Wie kimmt mer'n hie? Ei, was e Frag:
Da geh'n Se nur de Staabwolk nach!

De Lenz is eigetroffe!

De Lenz is gestern eigetroffe,
bei Ihne aach, des will ich hoffe!
Es wird jetzt schee! Es spier'n de Lenz
die Gickel grad so wie die Gäns.

Die Knospe fange aa zu schwelle,
– die an de Bäum, die maan ich, gelle,
die Vöchelcher, die bau'n ihr Nest
un freue sich uff's Hochzeitsfest.
De Lenz is da! Da wart – mitunner –
en aale Gickel uff des Wunner,
dass mit em Friehling außerdem
aach gleich sein zwaate Friehling käm.

De Lenz, der lässt sich aach benutze
um Abzuspecke, Friehjahrsbutze,
zur Friehjahrskur, zum Kleiderkaafe
und aach zum draus erumzulaafe!
Freut Euch, de Lenz, er is erschiene,
un – wer net friert – auf, ab ins Griene!

Muttertag!

Wenn ich mich noch recht erinner
war'n wir alle emal Kinner
un komme von de Mutter her,
doch mancher weiß des scheint's net mehr.

Gibt aaner aa heut noch so doll,
der hatt' aach einst die Winnel voll,
hat nachts die Mutter uffgeweckt
un se dorch sei Gekrisch erschreckt,
is an ihr'n Rockzippel gerennt
un hat sein Kummer ausgeflennt.

Was hammer se all uffgeregt.
Des kranke Kind hat se gepflegt,
sie hat's verstanne – un beschitzt,
wenn's als beim Vatter hat geblitzt.
Sie is de gute Geist im Haus…
des Kind geht in die Welt enaus…

Manch aaner, der vergisst dann schnell,
was se für ihn gedaa hat gell?
Naa! Mutter, die is net vergesse,
merr hat nur annere Intresse,
des is kaa Bosheit, des is bloß –
merr is halt so gedankelos.

Duht des Gewisse mal bemiehe,
des derf schon als en Stumper kriehe.
E bissi Dankbarkeit, habt Mut
un zeigt's – ich glaab, es duht ihr gut.
Zeigt Liebe jetzt, solang's noch geht,
e Grab zu schmicke – is zu spät.

Was hat se all für Euch gedaa!
Gell, ihr Kinner, strengt euch aa!

Vaddertag

Wenns's an Himmelfahrt net regent,
errt sich de Herrgott in de Gegend.
De Himmel steht zur Eifahrt uff,
de Jesus fährt von hier enuff,
'॑s is alles offe! No, kaa Wunner
leeft da de ganz Rege runner!
Eischentlich, seid merr net bees,
is Himmelfahrt ja relischiös.
Doch mancher kennt nur annern Bräuche
un denkt bei „Himmelfahrt“ ans Schläuche.
Himmelfahrt! Ei krieh de Schlag,
die Buwe hawwe Vaddertag!
Die awwer werklich Babba sin,
für die is an dem Tag nix drin,
die nemme an ihrem Vaddertag
ihr Fraa un Kinner in Beschlag.
Un weil se selbst kaa Blumme kriehe,
ziehn se dahie wo Blumme bliehe,
sie duhn die jung Nadur genieße:
Vorausgesetzt – es duht net gieße!

Pfingste

Was mäch'ste dann an Pfingste?
Bleib net dehaam im Stall.
Ich maan, am beste gingste
in'n Wald uff jeden Fall.

Un mit de Vögel singste
un trällerst um die Wett.
So schee is es an Pfingste
in deiner Wohnung net.

Fahr nur net raus an Pfingste
per Auto in die Sonn.
Da schwitzte un da stinkste
vom Auspuff der Kolonn'.

Geh liewer mal an Pfingste
zu annern uff Besuch.
Die Torte dort verschlingste,
die hawwe ja genug.

Den Dienstag dann verbringste
draus uff em Wäldchestag.
Sieh'ste, des is Pfingste!
So mach ich's nämlich aach …

Maienzeit

En Wonnemonat is de Mai
un is aach Sonne noch debei,
wer soll dann da besonne sei?

Schee von de Maiensonn beschiene
mecht merr verliebt enaus ins Griene
un is verschmust – net nur e bissche –
merr gibt sich öfters mal e Kissche.

Die Pärcher, junge un aach alte,
die duhn sich an de Händcher halte.
Jed Altersgrupp, ganz aanerlei
fiehlt jetzt sich in des Lebens Mai.

Es schwillt manch Herz vor Liebesglut,
des is was Scheenes un duht gut,
un mancher Puls erhöht sein Schlag
an so 'me scheene Maientag.

Doch nachts im Mai uff ere Bank,
da is es kiehl, werd' nur net krank!
Un außerdem basst uff: Inzwische
ist da manch Bank grad „frisch gestriche"!

Morje is de 1. Mai

Kräht de Hahn am 1. Mai,
dann is de April vorbei.
Vorher kimmt noch – gebt gut acht –
de Hexe ihr Walpurgisnacht.
Die reite dorch die Luft uff Bese –
hab' ich mal erschendwo gelese –
un mancher reagiert da druff
un lässt heut Nacht sei Fenster uff.

Der Tag der Awweit der is gut,
weil merr an dem nix duhe duht.
Nadierlich kann merr demonstriern,
sei Leut enaus in Griene fiehrn,
doch hat kaan Deiwel was degege,
duht merr dehaam sei Faulheit pflege.

Jetzt hat de Wonnemond begonne,
merr möcht' gern in de Sonn sich sonne,
merr möcht gern Sonn un Hitze nitze,
meintwege gar im Sitze schwitze,
denn, krieht merr Dorscht – was ist debei:
Dafier gibt's Maibowl ja im Mai.

Nur aans fehlt heut im Monat Mai:
Maikäwwernzeit – des is vorbei.
Des dabbisch Dier'che duht statt fliege,
im Schokeladelade liege.
Doch sei aan Vorteil net vergesse:
Die Sort von Käwwern kann merr esse!

Aprilwetter

Wenn aaner in de Innestadt
zunächst e Café inne hat
un stellt voll Iwwermut nach draus
sich Tisch un Stiehl noch vor sei Haus,
dann trägt em des oft Ärjer ei.
Er trägt die Stiehl enaus, enei,
mal regents nur in einem fort,
mal fliehe Tort und Kaffee fort,
mal werds zu haaß, dann is es kiehl,
kaan Deiwel hockt draus uff de Stiehl,
mer hofft uff besser Wetter morje,
ja, wer kaa hat – der kaaft sich Sorje.

Idylle

Sie wisse ja, eine Idylle,
des is e Eckelche im Stille,
wo merr die Einsamkeit genießt,
faulenzt, schreibe duht un liest,
wo kaaner guckt, was merr grad duht.
Was duht aam manchmal des so gut!
Sie glaabe merr's, wenn ich des sag –
ja – ich hab' so e Plätzche aach.

SOMMERTAGS UN URLAUBSTAGE

Die neu Sommerzeit

Mir hawwe se e Stund geklaut
un merr de ganze Tag versaut.
Im diefste Schlaf, in dunkler Nacht
hat merr die Tat an mir vollbracht.

Ich bin bestimmt sonst net bei dene,
die morjens schon beim Friehstick gähne;
doch heut, da bin ich uff em Hund,
ei ja, es fehlt merr halt die Stund.

Ich guck bedebbert aus de Wäsch,
mei Maul is halb wie sonst so frech
un dass merr fast nur Miede sieht,
des mecht mich doppelt hundemied.

Ich hab's gewusst, ich gebb's ja zu,
un ging genau wie sonst zur Ruh.
Ich hätt ja schneller schlafe könne,
statt nur ganz aafach so zu penne.

De Mensch is meist kaa Rindvieh net.
E Kuh geht aach wie sonst zu Bett
un is kaa bissi vorbereit'
für's Melke bei de Sommerzeit.

Kaan Mensch hat dere Kuh gesagt,
was kimmt in dere Märzenacht.
E ganz Stund frieher in de Frieh
duht merr ihr an de Euter zieh'.

Insofern bin ich ja zufridde
un hoff, dass bis zur Wochenmitte
– des geht bei mir net so abrupt –
de Iwwergang is iwwernuppt.

Sonnemond

Die Sonn hat aach ihr Schatteseite.
Merr hawwe an de Hitz zu leide,
die Sonn, die duht uns so verwöhne,
dass merr schon vom Verwöhne stöhne.

Die Schatteseite sinn jetz schee.
Spürt merr dann noch e Lüftche geh',
des aam ganz zart umfächle duht,
dann freut merr sich, des duht aam gut.

De Dorscht, des is es Sach für sich,
doch iwwers „Lösche" freu' ich mich.
Mit Ebbelwei, nur net mit Brause.
Brause duh ich mich nur auße.

De Mai war schon en Wonnemond,
de Juni is jetzt Sonnemond.
Wenn's nach mir ging, bleibt's weiter schee.
Was maant ihr? So könnt's weitergeh'.

Dehaam isses aach ganz schee!

Warum dann in die Fremde geh'?
Ich maan, dehaam wär's aach ganz schee.
Die Sonn, die scheint doch troppeweis,
beim Rege is es net so heiß,
un selte werd merr so verhöhnt,
dass merr vor Hitzeschwitze stöhnt.
Merr trinkt sein Ebbelwei in Ruh –
es is noch net jed Wertschaft zu.
Wenn merr nur Autofahrer wär:
Es sin sogar als Parkplätz leer!
De Sommerschlussverkauf is da,
wo gibts dann des in Afrika?
Was soll der ganze Reisekram?
Ich sag's Euch Leut, bleibt doch dehaam,
warum dann in die Fremde geh'?
Glaabt merr's, dehaam, da is es schee,
merr hat sei Freud, un net so knapp!
Wir fahr'n die anner Woch' erst ab.

Liewe Sie Schnake?

Ich net!
Wenn mitte in de Nacht
Gewitterdonner drauße kracht,
des duht mich net e bissi steern,
doch kann ich nachts kaa Schnake heern!

E aanzig Schnak, die mecht mich bees,
da werd ich ferchterlich nervees,

allaa der Ton bringt mich zum Rase,
duht se zum Aagriff uff mich blase.

Dann sucht se sich e zart Stell aus
un suggelt merr mei Blut eraus.
Des wär net schlimm, ’s is nur en Troppe
säuft so e Schnak bei mir ihr’n Schoppe.

Jedoch! Des find ich garnet fei,
sie spritzt defier ihr Gift enei
un hockt dann an de Deck un guckt
wie ich mich kratze duh – weils juckt.

Sie lacht en Ast sich, wenn se sieht,
dass ich e Quaddel hab gekrieht.
Doch meistens mecht se des net lang:
Ihr Bosheit is ihr’n Unnergang.

Wenn einst im Kampf Mann gege Schnak
die Schnak net immer unnerlag,
so is ihr’n Kampf heut aussichtlos,
de Mensch erschießt se aus de Dos.

Die Schnak is selwer dadraa schuld:
En Mensch, der hat kaa Schafsgeduld.
Es sterbt die Schnak, es duht merr leid
an ihrer Iwwerheblichkeit!

Widder dehaam

Vier Woche Urlaub wie en Traam,
Gottseidank – merr sin dehaam.

Vier Woche Sonn un Meereswelle,
des mecht zum annern Kerl aam, gelle?
Da duht merr vor Gesundheit strotze
un kann aach mit sei'm Ausseh' protze.

En Körper hat merr, en ganz braune,
da deht Ihr gucke, deht Ihr staune.
E Mädche misst mer sei! Wie schee,
da könnt Ihr vielleicht Baa'cher seh'!

Die Haut is glatt als wie en Aal,
die Nerve fest un hart wie Stahl,
nur aans duht aam e bissi quäle:
Des Middagsschläfche duht aam fehle.

Un halt, die Firma duht aam leid,
wege de lange Urlaubszeit.
Merr waaß des ja, in so 're Frist,
da werd merr schon sehr asch vermisst.

Mer mecht zur Awweit „voller Lust",
mit stolzer, braungebrennter Brust
und hat aach gleich de erste Treff
mit sei'm verehrte Firmechef.

Der guckt eim aa, segt: Ei de Daus,
was seh'n Sie iwwerawweit aus!
Na ja, Sie komme in die Jahr'n.
Wann duhn Sie dann – in Urlaub fahr'n?

Nachts macht's Fenster zu!

Leut, lasst nachts kaa Fenster uff!
Es warte schon die Micke druff
ins Schlafzimmer eneizuzuckle
un Euch es Blut erauszusuckle.
Aach Eibrecher sin druff bedacht
Euch zu beklaue in de Nacht!
Die nemme bis zum letzte Rest
mit was net niet- un nagelfest.

Un trotzdem steh'n nachts Fenster uff!
Ich glaab, dehinner wart merr druff,
dass sich des Glück emal bequem',
en scheene Borsch zum Fensterln käm.

Doch kaaner ließ sich jemals blicke,
ei noch kaan Dieb, nur schläächte Micke!

E Fliegepärche ...

E Fliegepärche liebte sich
bei mir am Tisch ganz inniglich.
War des e Hin- un Hergeflieh,
um gegenanner sich zu krieh'.
Ihr Micke liebt euch bis zum Dod,
doch net grad uff mei'm Worschtebrot.

Unseraans

Unseraans, der is bescheide,
der duht sich unuffällig kleide,
hört gern mit zu wenn annern prahle
un duht, was er bestellt, bezahle.

Merr weiß ja schließlich wer merr is,
nur mecht merr so kei groß Geschiss,
von wege stets de Größte sei.
Naa, sowas fällt ei'm garnet ei.

Wer aagibt, der hat mehr vom Lewe,
wer aagibt, na, der brauch des ewe.
Unseraans hat halt sein Spaß,
fällt so e Großmaul uff die Nas.

… un ich persönlich …

Ich fühl mich wohl in meiner Haut.
Was ich ess werd gut verdaut,
was ich trink leeft widder ab
un es langt merr was ich habb.
Ich duh kaa annern Leut beneide,
vielleicht wär'n die aach gern bescheide.

Müllers mache alles mit!

Müllers, made in Germany,
Müllers, jeder kennt doch die!
Odder könnt Ihr mir aan nenne,
der sagt, er würd' kaan Müller kenne?
Iwwerall sin wir debei,
des Neuste stets, der letzte Schrei
im Anzug un im Lockeschnitt:
Müllers mache alles mit!

Müllers mache alles mit,
un is es aach de größte Kitt!
Die Hose eng, was duhn die zwicke,
ich rat kei'm Dicke sich zu bicke,
mer kann mit knapper Not drin sitze;
die Schuh, die lange, enge, spitze –
wir dulden, leiden für die Mode,
was sin die Müllers für Idi...
Ich sag, ja, selbst de größte Kitt:
Müllers mache alles mit!

Müllers mache alles mit,
was habbe mir en Appetit!
So e Rumpsteak mit Pomfritt!
Wir esse Gutes ja so gern,
ach, deht mer nur net dicker wern!

Jetzt, wo mer uns was leiste könne,
soll mer sich's nur im Geiste gönne?
Doch Hähncher kann ich net mehr sehe,
ich fang bald selber aa zu krähe!
Da war im Fernseh' e Reklame,
des war e Fleisch – ich sag kein' Name –

un seither kauft die Müllersmutter
statt Steaks uns nur noch Hundefutter
un lacht – sie freut sich ganz gewiss,
dass Pappi jetzt so'n Prachtkerl is
un springlebendig, jung und fit...
Müllers mache alles mit!

Auf nix Neues werd verzicht',
der Name Müller, der verpflicht',
kommt morje was Modernes raus,
des hammer gestern schon im Haus!
Die Dose stehn bei uns in Reihe,
wir duhn ja nur noch sprühe, spraye,
flüssig und in Pulverform
was wir – „verpulvern" is enorm.
Waschkraft wie en Wirbelwind
dass de Dreck geschwind verschwind'.
Die Industrie hat doch entdeckt,
wir war'n bisher total verdreckt,
– wir säu-bern uns jetzt diffizil
e Desodora-Wäschgefühl.
Strahlend weiß wir uns entfalte,
die Weisheit – is kaum auszuhalte!
Wir halte mit dem Fortschritt Schritt,
Müllers mache alles mit!

In Urlaub fahr'n is unsern Fall!
Sie, wir warn schon iwwerall.
Rundischrum in jedem Land
hatt ich schon en Sonnebrand.
Italien werd' ich nie vergesse:
Öl im Haar und Öl im Esse,
die Alpe un die Pyrenäe,
die habb ich, glaab ich, aach gesehe.

Paris! Naa, da gings links vorbei,
mei Fraa war sowieso debei.
Wir lagen auch am Nordseestrand,
ganz gewaltig! Im-po-sand.
Iwwerall rieft mer Hurrah!
Die Müllers sin mit D-Mark da.
Un ihr kennt ja all die Folge:
Wie die Küh wer'n mer gemolke,
schröppt se, neppt se, macht en Schnitt:
Müllers mache alles mit!

Unser Wohnung, e Gedicht:
Kerl, was sin mir eigericht'!
Springbrunne mit Leuchtfontän,
die Diehl' mit drei Philodentreen,
Engelcher an alle Wänd,
Goldhelm-Mann un Dürers Händ.
Wir sin ja so für's Kulturelle
wir hawwe en „Stich" – un Aquarelle!
Un Bücher, die mer lese will:
Die Blechtrommel, die Fanny Hill!
E alt Madonna, e beseelt,
ich glaub sogar: echt Teak, geölt!
Immer mal e Stick antik,
da merkt mer gleich, wir hawwe Schick –
wie üblich un bei Müllers Sitt',
Müllers mache alles mit!

Müllers hawwe Altes gern,
dann des Aale is modern.
Was mer früher fortgeschmisse,
von dem sin wir heut hiegerisse.
Aan Teppich uff de annern druff,
mer kriehe bald kaa Tür mer uff.

Die nächst Woch' kimmt de größte Gäg!
Mer kriehn en Teppich an die Deck.
Müllers müsse D-Mark raffe,
müsse schaffe wie die Affe,
um des Zeug all aazuschaffe.
Un geht's net so, geht's mit Kredit:
Müllers mache alles mit!

Was geht dann Sie des aa?

Du gehst gemietlich uff de Gass,
da lässt, grad vor dir, aaner was
ganz achtlos uff de Bodden falle.
(Nur manche duhn's, es duhn net alle.)

Dem was zu sage, duh Der's schenke,
der duht Dir e bees Maul aahenke,
un biet noch Knippel hinne draa
uns secht: „Was geht dann Sie des aa?"

Ich hab ja aach net immer Mumm,
un vorher steht weshalb-warum.
Doch aamal hätt' ich gern gesacht:
„Wer hat des Ihne beigebracht,
de Dreck so aafach wegzuwerfe,
was wir net wolle un net derfe?
Gell, sin Sie net dehaam im Haus,
dann lasse Sie Ihr Wutz eraus?"

Jubiläums-Stehparty

Schee is, wenn jemand jubiliert.
Da werd aam emal vorgefiehrt
was aam so bassiern kann halt,
wird merr mit Ehr und Aastand alt.

Jubiläen sin sehr schee,
die duhn meist werktags vor sich geh.
Da geht kaa Freizeit net verlor'n,
un – merr hat emal nix um die Ohr'n.

So gege elf fängt's meistens aa,
da is die Awweit schon gedaa,
odder – für annern eigedeilt,
un – es bleibt liehe, was net eilt.

Merr schmeißt in'n gute Aazug sich,
merr trägt en Schlips, des Hemd is frisch,
merr will e bissi imponiern,
uff jeden Fall sich net blamiern.

E Jubiläum, des is aach
emal en Waffestillstandstag.
Un selbst die schärfste Konkurrente,
die schittle freundschaftlich die Hände.

So isses – odder habb ich recht.
Wenn merr so feierlich sich mecht,
da fällt merr gleich de Goethe ei:
Hier is merr Mensch, hier derf merr's sei.

Die „helle Sache"

Ziehn Sie gern „helle Sache“ aa?
Ich hab da gleich en Flecke draa!
Von mir wer’n Flecke aagezoge,
die komme nur so aagefloge.

Net, dass ich grad en Dreckspatz wär,
ich duh mich nur mit Sache schwer,
die neu sin – und bass ich aach uff,
ich hab doch gleich en Flecke druff.

Die komme nur bei Neuheit her,
nachher krieh ich kaa Flecke mehr.
Is erst die Scheeheit emal hie,
glaabt net, dass ich en Flecke krieh!

Ich trag drum liewer mehr gedeckt,
da fällt’s net uff, wenn merr befleckt.

En Sportler

Trimm Dich – haaßt's heut iwwerall!
Da dacht ich mir, uff jeden Fall
treib ich jetzt Sport un trimm mich schee!
Ei wie? Des wer'n Se jetzt gleich seh'.

Zuerst hab Runde ich gedreht
von morjens früh bis awends spät.
Da war ich fertig – groggy – müd
un hab debei de Drehworm krieht.

Ich sagt mer dann am annern Tag:
Die Laaferei is doch e Plag.
Drum hab ich mich uff's Rad gesetzt,
bin in de Gegend rumgewetzt.

Net lang! Aan Kilometer erst, da hatte
en Achter ich un aach en Platte.
Un weil kaa Flickzeug ich gehabt,
bin schlagkaputt ich haamgedabbt.

Dann war ich uff em Reck zu seh:
Was is die Tornerei so schee.
Die mich gesehe, die warn baff:
Ich bin getornt grad wie en Aff.

Ich hab versucht dann uff die Schnelle
so rundischrum die Riesenwelle.
Ich bin ums Reck erumgesaust
im Tempo wie en Aff sich laust.

Ich fand ja von der Riesenwelle
garnet mehr den Abgang gelle.

Ich ließ mich los un flog dann fort
un bin dorchs Fenster dorchgeschnorrt.

Jetzt war zum Boxe ich entschlosse.
Ach, hätt' ich's lieber bleibe losse.
Denn kaum stand ich im Boxerring
verpasst mein Gegner mir e Ding –
ich sah nur Sterncher erjendwo
und dann nix mehr. Ich war K. O.

Ich tu zunächst kaan Sport mehr treibe,
naa, des lass' ich lieber bleibe.
Zunächst verschaff' ich mer erst Kraft
dorch e paar Schobbe – Ebbelsaft!

„Radfahrer"

En Radfahrer, der is merr lieb,
nur im Geschäft net, im Betrieb.
Merr kennt die Hinnerum-Athlete,
die owwe buckle, unne trete.

So aaner hängt sich aach noch dann
an's Hinnerrad vom Vordermann
und hofft en zu gegebner Stunde
beim Chef emal zu iwwerrunde.

Am liebste deht merr solchesgleiche
en „Achter trete in die Speiche".
Merr duhts net, naa, doch es erquickt,
wenn so aaner en „Schießer drickt".

Die meiste Mensche...

Die meiste Mensche die mich kenne,
duhn liewer lache als wie flenne.
Des is für garnix en Beweis,
des liegt an mei'm Bekanntekreis.
Von Pessimiste halt ich wenig,
bei mir sin Optimiste König!
Was hab ich von so Jammerlabbe,
die dauernd nur in Pitsche dabbe,
von griesgrämliche trübe Tasse,
die nur die Flichel hänge lasse,
von Iwwelnemmer, Sauerdibbe,
dene jed' Freud iwwertribbe?
Haamducksische Seltenfrehlich
mache aam doch krank allmehlich.
Da lob ich mir den brave Mann,
der aach mal lauthals lache kann,
die Mädcher aller Alterklasse,
die froh ihr Lache schalle lasse!
Un – sin se aach net immer leis,
schee ist doch so'n Bekanntekreis!

Is es net so?

An manche Däg, des is bekannt,
ärjert die Mick aam an de Wand.

An annern guckt mit Seeleruh
de Mick mer bei ihr'm Treiwe zu.
Mer duht er nix und denkt sich nur,
es soll aach die klaanst Kreatur
des Recht zum Lewe hawwe noch,
human zu sei geheert sich doch.

Des sin mer aach nadierlich, gell?
Nur ännert sich des manchmal schnell.
Wenn nemlich aam die Mick dann sticht
un mit dem Blut im Bauch entwischt.
Dann hat die Mick nix mehr zu lache,
mer will er nur de Garaus mache.

Moral:
Idealismus ist meist aus,
kimmt Realität in Haus.

Merr hat sei Last

Es hat doch jeder heut sei Last.
De aa, dass em de Aazug basst,
der vorher tadellos gesesse
un heut en drickt – vom viele Fresse.

En annern bleibt en derre Hecht,
en richt'che Derrapp wie merr secht,
von dem so mancher schon gedacht:
Der hat des Brot net iwwer Nacht.

Der aa wird immer fülliger,
de anner der lebt billiger,
er muß kaa Aazüg ännern lasse,
sei Aazüg duhn em ewig basse.

Duht des Ihne aach bassiern?

Duht des Ihne aach bassiern?
Merr duht so uff de Gass spaziern,
da duht merr aan von weitem seh',
er kimmt als näher in die Näh,
merr kennt en, doch mit greeßter Mieh:
merr waaß halt net mit em wohie?

Wer isses? Woher kennste den?
Wann war des nur? Un wo? Mit wem?
Kerl, ob der Dich vielleicht noch kennt
un gar noch mit em Name nennt?

Was schämt merr sich als ferchterlich,
lässt des Gedechtnis aam im Stich!
Uijeeh! Gleich isses jetzt soweit,
merr guckt e bissi schebb zur Seit...
da mecht der aach desselbe doch,
der hat genau des gleiche Loch.

Ui, was e Glick mer in sich spiert –
weil kaaner sich halt gern blamiert!

Schlabbezeit!

Da duhn se uff de Gass rumdabbe
mit Tornschuh un aach annern Schlabbe
un ziehe gar die Schläuch net aus
im Opern- odder Schauspielhaus.

Am Spar'n allaa kann des net liehe.
Merr duht so Leisetreter kriehe
für fuffzeh Mark, un was aam wunnert,
ganz exclusiv aach für zwaahundert.

Sie wär'n gesund für alle Fieß,
sie wär'n bequem aach iwwerdies.
Merr kann, soll, will se aach net butze.
(Ich glaab, des is de größte Nutze.)

Die uniforme Schlabbermode,
die sieht doch grad aus wie verbode…
(Wenn ich Verkehrtes hab' gesagt,
ich hab nur vor mich hie gedacht.)

ICH HAB E GÄRTCHE HINNER'M HAUS

De Klaagärtner

Braucht Ihr e Hobby? Ihr misst
Klaagärtner wern!
Ich hab des gemacht! Meine Dame un Herrn,
ich hab gegrabe, gehackt, entfernt alte Strunke,
gedüngt und gepuddelt – was hats als gestunke!
Un die Vögelcher hawwe rundum all gesesse,
ich hab de Same gesät, die hawwen gefresse.
Aus em Boddem is nix wie Unkraut geschosse,
un ich Simbel, ich hab des Zeug noch begosse.
In die Sommersonn da kann mer sich lege,
bei mir kam kaa Sonn, ich lag nur im Rege.
Ich war in mei'm Garte nur mit em Scherm,
awwer prächtig gewachse –
sin Schnecke un Werm.
Un die Bääm voller Ebbel! Ich kann Ihne sage,
ich hat so en Baam, der hat Ebbel „getrage".
Awwer ich musst se schleppe!

Iwwerhaupt Gottverdeppelt,
was war ich mit dene Ebbel verebbelt!
Mei Fraa fing aa Gelee eizukoche –
un alles war babbisch in de nächste paar Woche.
Bei uns gabs kaa Worscht un
Flaasch mehr zu seh'
nur Ebbelbrei, Ebbelschnitz, Ebbelgelee.
Wir konnte esse, was es aach sei,
Ebbel, Ebbel, warn immer debei!
Allerdings – uff die Verdauung, da war Verlass.
Also, werd Klaagärtner, dann habt' er
en „laufende" Spaß!

Manches Gute kimmt von unne – de Sparjel

Dass Gutes aach von unne kimmt,
des zeigt de Sparjel ganz bestimmt.
Von unne steigt er in die Höh,
kann Tageslicht uff aamal seh'
un streckt aach gleich sein Kopp enaus.
Er segt: „Was is des hell hier draus!
Ich kann mei'n weiße Kopp mit Wonn
schee braun wern lasse in de Sonn."
Da mechts schon „Ratsch", e Messer trennt
des Owwerdeil vom annern End.
Un „Schlupp" zieht en e kräftig Hand
aus deutschem Sand in deutschem Land.
Die Neugier hat en umgebracht.
Doch sei zum Trost hier noch gesagt,
dass ihm danach viel Ehr geschah.
Er war ja Handelsklasse A
un hat e schee Beerdigung
iwwer e Prominentezung.

Der Lorbeer

Ja, Lorbeer hab ich aach im Garte,
ich duh von sonst wo kaan erwarte,
hab kaan gesucht un kaan gefunne,
der merr en Lorbeerkranz gewunne.
Lorbeer hab ich im Garte aan.
Immer noch besser als wie kaan.

Mei Baamstick

Ich hab e Baamstick bei meim Garte,
da duh ich uff die Ebbel warte –
bis se im Herbst erunnerfalle.
Die wer'n zu Ebbelwei dann alle.
Un – wenn des wenig Ebbel sei,
werd deuerer de Ebbelwei.
Sinds viele Ebbel – ganz bestimmt –
vielleicht – kaa Preiserhöhung kimmt.

Ich hab e Gärtche hinner'm Haus

Ich hab e Gärtche hinner'm Haus,
des sieht e bissche struwwelisch aus.
Doch segt merr als, wenn ich net err:
„So wie de Herr, so des Gescherr!"

Morjens gleich mein erste Blick
erfreut sich an dem Garteglick,
ich iwwerseh mei Gartewunner
sehr schee vom erste Stock erunner.
Was blieht doch all im Gärtche hinne:
Da kann merr Tulpe, Rose finne
un Glockeblimmcher un Lupine
un Farn un Sträuch aach, aafach griene.

Un was ich all an Unkraut habb!
So mancher Klaagärtner schnallt ab.
Awwer gepflegt!! So grad so ewe,
auch Unkraut will ja schließlich lewe.

Jetzt glaubt nur net, ich deht wie viele
tagtäglich in mei'm Gärtche wiehle.
Ich lass die Regewerm in Ruh,
die duhe vieles für mich duh'.

Mein Sauerkerschebaum im Garte
erfillt de Vögel ihr Erwarte.
Ich teil mit dene, duht's begreife,
die duhe mir defier was pfeife.

Merr hat im Garte schon sein Schaff,
doch bin ich lang net dem sein Aff',
schafft Ihr nur bis zur Nacht enei,
ich trink dann schee mein Ebbelwei.

Von de Reimerei

Glücklich is wer dann un wann
mal was Scheenes reime kann.
So setzt sich dann de Reimer Heinz
am Abend hie un reimt sich eins.
Nur reimt er net von Lieb' un Schmerz,
des ging em doch zu arg ans Herz.
Er reimt von dem was so geschieht,
was er so hört un was er sieht,
was en ärjert uff de Welt,
vergisst aach net was em gefällt.

So e Hobby wie des Dichte
is scheener als wie Hinkelzichte,
mer setzt sich hie un duht was schreibe,
de Verse uff de Ferse bleibe,
mer kann aach selbst Gedanke habbe,
braucht net nur Briefmarke zu babbe,
aale Trödel abzustaabe
un de Garte umzugrabe.
Mer dicht' sich selber nur zur Freud
un freut sich, wenns die annern freut.
Ich möchte uff manches gern verzichte,
doch net uff's Reime, Vers'cher dichte ...

Wenn sich de Vers nur brüchig reimt,
dann wern noch Silbcher aageleimt.
Des nennt mer dann Poeteleim,
dem Reimer is ja alles Reim.
Nur kaa Geheimniskrämerei –
un – dreimal hoch – die Reimerei!

Jetzt komm ich Ihne mal poetisch

Jetzt komm ich Ihne mal poetisch.
Aach sowas hat merr manchmal nötisch:
E bissi in de Luft zu schwebe,
emal in annre Welte lebe,
emal nur literarisch denke,
sich selber rote Rose schenke,
in Liebeslust- un -schmerzgefiehle
sich zu ergehe un zerwiele…

So schreit' ich froh durch die Natur
un iwwer mir de Himmel nur…
Wenn Se mich jetzt entschuldsche dehte,
ich bin in was eneigetrete!

Annrerseits!

Wenn aaner maant, dass en Poet
von seim Poete lebe deht,
soviel bringt die Poeterei
dem arme Dichter doch net ei.
Wer Wasserhähn duht richte,
ja, der hat mehr vom „Dichte".

Iwwrigens!

So'n Dichterling
is e fast iwwerflissig Ding.
Soweit ich konnt erforsche:
so iwwerflissig wie en Porsche.

Klaane Klugschissereie

Biene könne kaa Welt verännern,
awwer steche könne se.

Am Strand bin ich merr
vorkomme wie uff de Zeil.
Soviel Betrieb?
Naa, kaa Wort deutsch.

Manche Satiriker glaube,
sie wär'n des Salz in de Supp,
debei sin se nur des Haar drin.

Wenn aaner soweit is,
dass er jeden Tag Sonntag hat,
möchte er alsemal gern die Werktage zurück.

Immer en kühle Kopp behalte,
sonst krieht merr kalte Fieß.

Auße derf merr Runzele kriehe, abber net inne.

An Awweit bin ich sehr interessiert,
da kann ich mich
stundenlang driwwer unterhalte.

E Sach' sieht manchmal annerst aus,
wenn se aam selbst betrifft.
Was is merr als verblifft.

Frieher hat merr gesagt: Aaner spinnt immer.
Heut spinne viele – un dazu noch viel zu laut.

Klaanigkeite

Erst emal, da kommt des Lobe,
des duht aam gut, merr is erhobe.
Duht merr sich abber dann blamiern,
dann duht merr dobbelt sich geniern.

Des Lebe is kaa Zuckerlecke,
un an sich is des gut aach so.
Zwar duht der süße Kram aam schmecke,
doch krieht mer Karies devo.

Der aane trinkt gern Cola,
de annern isst gern Fisch,
de dritte liebt sei Lola,
ich abber, ich lieb Dich.

Merr hat schon manchmal „Mist gebaut"
un erschendwie e Sach versaut.
Des ärjert aam, doch noch viel mehr
ärjern die „Vor"werf hinnerher.

Keinem weh un allen wohl
duht en Droppe Alkohol,
doch de Alkohol in Masse
soll merr besser bleibe lasse.

Heut, am Freitag bin ich frehlich,
merr spiert de Samstag schon allmählich
un aach de Sonntag hinnedrei,
da soll en Mensch net frehlich sei?

Die Briefmark

E Briefmark is e Postwertzeiche,
mit Mark un Fennig zu begleiche,
zum feste Preis, 's gibt kaan Rabatt,
wie merr's bei annern Sache hat.

Die meiste Marke sin verschiede,
un duhn schee bunte Farbe biete,
es sin aach Köpp als druff zu seh',
je nachdem, verschieden schee.

Auch Tiern sin druff, en Haufe Arte,
un Blimmcher, große un auch zarte,
un surreale Bilder aach,
doch gibt's defier kein Preisabschlag.

Betracht merr so e Mark von hinne,
is nix Besonners da zu finne,
kaa Bildche, aach kaa Ornamente,
die irgendwas ei'm biete könnte.

Aans muss ich an de Briefmark preise:
Sie hat viel Zäh' und duht net beiße!
Als Schlechtes konnt ich draa entdecke,
die Mark lässt sich stets hinne lecke.

Erhöhte Preis' gibt's iwwerall,
des is bei Marke net de Fall,
e Zehner-Briefmark bei de Post
wie frieher heut en Zehner kost.

Ich maan, e Briefmark, die hat's gut,
weil die als weit verreise duht.

Doch abgestempelt durch den Kram
kimmt niemals mehr se sauber haam.

Damit bin ich am End schon. Gell,
bei meiner Post – da ging des schnell.

Olwel ABC

Uffdringlich is e *Abeemick*,
en *Babbelaasch* hat mer bald dick.

E *Christkinnche* is schläächt un dumm,
en *Dabbes* schmeißt die Dippe um.

En *Eigeplackte* kimmt von drauße,
Fulder gibt's aach in Sachsehause.

En *Gorjelschwenker* baaft gern Schoppe,
en *Hansworscht* duhn die Kinner foppe!

De *Iwwerzwerche* hat en Dabbe,
armselig is en *Jammerlabbe*.

Es räsoniert e *Knotterbix*,
en *Lahmaasch* hält vom Schnellsei nix.

E *Mickeferzsche* is net viel,
e *Neunmaloos* hat Sex-Appeal.

Grobdabbischdumm ist *Olwel-Art*,
des *Pimpernellche* is ganz zart.

E *Quetschemännche*, des is alt,
e *Rotznas*, die is jünger halt.

De *Simbach* is e bissi bleed,
e *Traatsch* traatscht, wo se geht un steht.

De *Uzer* nimmt eim uff de Aarm,
die *Volleul* kimmt besoffe haam.

En *Worschtfettkopp* des Wasser scheut,
de *Zores* sin kaa feine Leut.

Des X un Y duhn fehle,
von dene gibt's nix zu erzehle.

Es Lewe is schee

Wenn mer des Licht der Welt erblickt,
dann fängt de Zeiger aa un rückt.

Mer spielt, mer lernt im Handumdreh',
kaum dass de guckst, schon bieste zeh'.

Mer liebt, mer dreht im Danz sich,
un wuppdich ist mer zwanzig.

Mer schafft sich vorwärts fleißig,
schnell hat mer dann die dreißig.

Bei beste Kräfte spürt sich
de Mensch, schon is er vierzig.

Mer freut iwwer Vernunft sich,
da hat mer schon die Funfzig.

Wenn mer's gemietlich mecht sich,
dieweil is mer schon sechzig.

Als nächstes Ziel ergibt sich
mit frohem Mut die siebzig.

Mer freut sich – un mer lacht sich
aach noch en Ast mit achtzig.

Sehr viele die erfreu'n sich
beim Ebbelwei mit neunzig.

Un kaaner is verwunnert,
is er dann plötzlich hunnert.

Da bleibt er in Gedanke steh'
duht sich die Sach emal beseh
un segt: So kann des weitergeh!

Un noch en lirische Versuch

Ich probier's emal uff lirisch.
Des is für mich e bissi schwierig.
Se merke's an mei'm Reime schon,
wir babbele ja kaa Ipsilon.
sogar des „ü" is bei uns knapp,
was ich da als mei Mieh mit habb!

Ich spier's jetzt selbst, es is zu schwierig,
ich komme e anner Mal uff lirisch.

WAS ZUM DEKLAMIERN

Der Hals

Die meiste Mensche, jedenfalls
all die ich kenn, hawwe en Hals.
Un der is meistens rund gebaut
un eigewickelt in die Haut,
die en aach fest zusammehält,
dass er net auseinannerfällt.

Nun gibt es Häls verschiedner Arte,
zum Beispiel schebbe oder grade.
Alle Sorte kann mer finne:
Lange, korze, dicke, dinne,
magere un speckige,
sauwere un dreckige.

Hat einer Halsweit fünfundreißig,
der is im Esse meist net fleißig,
bringt aaner fünfunverzig mit,
der hat en gude Abbedit.

Anatomisch wär zu sage:
De Hals is klaaner als de Krage,
besteht aus Muskle, Sehne, Gorjelschläuch,
Adern un noch annerm Zeug.
Zählt mer langsam zu de Alte,
krieht er aach Runzele un Falte.

Um etwas anners zu beginne
betrachte mer de Hals von inne:

Beim Gähne, un aach oft beim Lache,
da zeigt so mancher aam de Rache.
De Rache sitzt dem Hals davor,
der is dem Hals sei Eigangdohr.
Dann komme links un rechts die Mandle.
Die sin – zum ärztliche Behandle.

Die Speiseröhre führt als Schlauch
erst dorch de Hals – dann in de Bauch.
Die Luftröhr die läuft parallel
un is zum Atemhole, gell?
Benötigt werd se auch beim Rauche,
mer kann se gut beim Huste brauche.

Des Gorjelkneppche sieht mer als
bewege vorne sich am Hals.
Un wenn's besonners weit raussteht
un lustig ruff un runner geht
beim Esse, Trinke un Gebabbel,
dann nennt mer des: de Adamsappel.

Zur Rückseit von dem gute Stick
sagt mer „die Ank“ odder „Genick“.
Des Rückgrat, des läuft aach noch dorch,
sonst wär der steife Hals ja morsch.

De Hals, des is jetzt jedem klar
is net allaa zum Wäsche da.
De Hals is schon en wahre Sege:
Mer kann damit de Kopp bewege –
un was mer all net sehe könnt,
wenn mer de Hals net drehe könnt.

Die Tierwelt braucht uff jeden fall
aach Häls – mer sieht se iwwerall.
Giraffe sin net zu beneide,
was müsse die bei Halsweh leide.
Doch, wenn se trinke sin se froh:
Der Weg! Die hawwe was devo!
De Schwanehals is extralang
un so beweglich wie e Schlang –
un bei der Schlang – da maant mer als,
des ganz Viech des wär' nur Hals.

Am Hals, ob er gesund, ob krank,
werd gut verdient, na Gottseidank.
Da sin zunächst die Mediziner,
des sin die Halswehgroßverdiener.
Vom Hals da lebt manch Industrie,
un gut, un wie! Was glaabe Sie!

Trobbe, Salbe, Spritze, Pille,
Gorjelwasser und Pastille,
Hemdekrage, weiche, steife,
Schmetterling, Probeller, Schleife,
Tüchelcher für auße, inne,
Schlips zum Stecke un zum Binne,
Amulette, Perlekette...
   für die Fraa, die uff sich hält –
un der Krempel kost e Geld!!!
Des alles bräucht mer alles net,
wenn de Mensch kaan Hals net hätt'.
De Hals verdient die Note gut,
weil mer draa gut verdiene duht.

Von Liebe kann ich aach was sage,
die hat aam aanszwaadrei am Krage.

Du fällst em Mädche um de Hals,
sie hängt am Hals dir ebenfalls,
so is des un so hat mer's als –
un dann – dann hat mer se am Hals.

Was ich erzehlt war allenfalls,
wenn mer so will – „e Stick vom Hals“.
Genug für heut, wär jetzt mei Bitt,
es war en klaane „Halsausschnitt“.
Damit ist die Geschichte aus –
de Hals – hängt mer zum Hals eraus!

Die Haut

Von Kindheit her is ei'm vertraut:
Die Haut heißt Haut, weil mer drauf haut.
Als Frankforter find ich des schlääacht:
Wer sagt hier „haut“?
Hier secht mer „häägt“!
– wenn aaner uff die Haut druff schlägt.

Die Haut den Menschen ganz bedeckt
un was in so 're Haut als steckt!
Mer steckt in ihr von Kopp bis Zeh
un manches is schee aazuseh'.
Doch is se meist bedeckt mit Kleider
un vieles sieht mer garnet, leider.

Die Kopphaut ziemlich Haarwuchs hat,
hat se kaan – nennt mer se Platt.
Zum Hör'n, zum Sehe un zum Rieche,
zum Atme un Geschmacksvergniege

sin siwwe Löcher vorgeseh'.
Sind's mehr, dann tut's aam meistens weh.
E Loch im Kopp zuviel gibt Beule,
mer kann dann still sei odder heule.

Auch die Gesichtshaut krieht als Haarn,
wenn Buwe komme in die Jahr'n,
un schmückend tut en Schnorrbart steh',
bei Fraue is des halb so schee!

Die Haut am Hals wird strapaziert,
da wer'n als Kräge rumgeschnürt.
Die Haut sich stets von selbst erneuert,
die Kräge, die wern abgescheuert.

Die Fingerspitze an de Händ
die sin de Haut ihr äußerst End.
Die Nägel draa, des is bekannt,
die hawwe gern en schwarze Rand.
Die Ärm, ob mackelig, ob sehnig,
die hawwe Haarn, mal viel, mal wenig.

Am Owwerarm des Muskelspiel
sieht mer bei starke Männer viel.
Die Haut macht erst de Aablick schee
sonst wär des Flaasch ja roh' zu seh'.

Die Haut an eme Mann sei'm Leib
is annerster als die beim Weib.
Vor allem find't mer in de Forme
da Unnerschiede ganz enorme.

Er hat am Owwerkörper Haarn,
da tut mer bei de Fraa draa spar'n.

Dagege bei der Owwerweite
sin dann die Männer sehr bescheide,
doch Fraue hawwe da ihr Haut
e ganz schee Stick als rausgebaut.
Vor'm Lerne tut de Mann nie kneife,
drum möcht er des aach gern „begreife".

Als iwwerflüssig find' ich dran
die Brustwarzknöppelcher beim Mann.
Doch! Gleichberechtigung! Es stimmt,
mer waaß ja net, was noch all kimmt.
De Nawwel, der, des is der Fleck,
da geht de Dreck so schlecht eweg.
Von Haut bedeckt is auch de Rücke
den braucht mer hauptsächlich zum Bücke.

Vom Rücke bücke krieht mer auch
als Falte in die Haut vom Bauch.
Die Haut, ich hab's noch net erwähnt,
dass die sich aach wie Gummi dehnt.
Des is bewiese dadorch, wann Se
en Haspelfriedhof seh'n, so'n Ranze.

Bis hierher war se nackt un bloß,
jetzt krieht die Haut e Badehos,
auf dass die Sittlichkeit gewahrt is.
E Kinnerbobbes'sche, des zart ist
mit eme Griebche uff em Bäckche,
grad bloßgestrampelt von sei'm Deckche,
des is erlaubt, guckt schnell mal hie,
dann geh'n mer runner zu de Knie.

Die mache manchem inne Sorje
weil de Meniskus drin verborje,

auße sin se rund un eckig
un bei de Kinner meistens dreckig.
Derre oder stramme Wade
hat mer bei schebbe Baa un grade.
Ganz unne duhn die Fieß jetzt winke,
die wäscht mer sich bevor se stinke.

Beim Fußzeh hört die Haut dann uff,
da sitzt e Hühneraag als druff.
Die Haut versteht so manche Künste,
sie kann schwitze un kann dünste.
Des tut mer rieche un net sehe,
mer kann sich wäsche odder spraye.
Manches Mal juckt aach des Fell,
da kratzt mer sich ganz aafach, gell?

Stößt mer die Haut an harte Ecke,
dann krieht se gelb – grien – blaue Flecke.
„Vielfältig“ – in des Wortes Sinn
werd Haut bei Leut, die älter sin.
Natürlich tut mer was degege,
mer duht se hätschele un pflege.

Un dadezu hat mer dehaam
en ganze Disch voll Creme-Kram.
Die Industrie erklärt uns gern
für was die all benötigt wern.
Doch ich hör uff, tu nix mer sage,
sonst krieh ich noch die Haut verhaage!

Die Nas

Die *Nas*, von der ich jetzt bericht'
die trägt mer mitte im Gesicht.
Un des Gesicht werd dorch die Nas
erst e Gesicht soviel ich waaß,
weil: Zwaa Backe nur allei,
des könnt ja aach was annerst sei.

Nun gibt des Nase aller Forme,
Kolbe, Zinke – ganz enorme –
Gurke, Zacke aller Arte,
Rüssel – nackische, behaarte,
klaane Knuppel, dicke Knorze,
grade, krumme, lange, korze,
vornedraaerumverdickte,
Boxernase, eigedrückte,
Himmelfahrts- un Hängeriecher
un dausend annern Naseviecher.

Doch lasst Euch bitte täuschen nicht:
Net jed' Nas hält, was se verspricht!
E Näs'che, is es noch so fei,
kann außerdem e Rotznas sei.

Betracht' die Nas mer anatomisch,
dann is se orginell un komisch,
denn unne is die Nasespitz,
die Worzel owwe, was en Witz.
Vorne hat die Nas ihr'n Rücke
un inne kann mer Haarn erblicke.

Die Nas hat aach e Flügelpaar,
zwaa Naseflügel, des is klar;

doch weiter sich de Unsinn häuft:
Die Nas, die fliegt net, naa, sie läuft.
Was kann die laafe, jesses naa,
un mit em annz'che Nasebaa!

Die Nas is ähnlich wie die Ohr'n,
mer kann mit Finger dadrin bohrn.
Tief in de Naselöcher unne,
was da gesucht wird un gefunne
un wie die Leut des all verwende,
des gäb en Vortrag ohne Ende.

Mer trägt die Nas net nur zum Schmuck,
sie dient aach annern Zwecke – guck:
Zum Beispiel kann mer mit ihr rieche.
Des is net immer e Vergniege,
bei Wohlgerüche Gottseidank,
dagege garnet bei Gestank.

Mer kann auch schnaufe dorch die Nase
un Raach dorch ihre Löcher blase.
Sie dient als Lager für die Brill,
mer kann se pudern – wenn mer will.

Die Eskimos duhn, wie mer wisse,
sogar sich mit de Nase küsse.
Mer kann se vielerlei benutze,
mer brauch se aach zum Nasebutze.

En jeder butzt se uff sei Weis,
de aane laut, de annern leis.
Mer kann aa Naseloch verschließe,
mit Luftdruck aus em aannern schieße,

odder aus beide Löcher sprühe,
odder se iwwern Ärmel ziehe,
Mer kann als Aufzug sie gebrauche...
Wer diese Möglichkeite scheut,
es gibt aach Taschetücher heut.

Die Nas enthält in großer Fülle
alle mögliche Bazille.
Wern se zuviel, so kann mer diese
de annern uff de Aazug niese.

Un gleich druff krieht mer dann sei Dubbe,
die Nas werd krank – sie hat de Schnuppe.
Debei gewinnt die Nas an Feuchte,
werd rot un dick, fängt aa zu leuchte.
De Nas ihr Näss is net zu stoppe,
es falle bald die erste Troppe.
Arzneie hawwe wenig Sinn,
weil die dem Schnuppe schnuppe sin.
... un nach Charakter un Erziehung
kimmt dann die Nasebutzbemiehung...

Jetzt gäb des Sprüch noch jede Menge,
doch zieh die Nas ich in die Länge,
dann habt Ihr bald die Nas all voll.

Weil des doch schöner ende soll
so duht mer bitte en Gefalle,
fasst an die eigen Nas Euch alle
un steckt se net in annern Leut
ihr'n Kram, weil die des wenig freut.
Des is, weil alles ende muss
der Naseweisheit letzter Schluss!

Von den Brillen

Ich waaß, es gibt en Haufe Brille,
merr kann fast alle Wünsch erfülle,
Kurz- un Weitsicht kann merr trage,
net fürs Hirn, nur für die Aage!
E Brill is stets Beweis gewese:
Der ist net dumm – ei der kann lese!
Gibt e Gesicht net arg viel her,
mit ere Brill gewinnt des sehr.
Lorgnon, Lorgnette, un Monokel,
des truge frieher stolze Gockel,
den Zwicker trug merr uff de Nas,
(Edelzwicker is im Glas).
„Kontaktlins" is e seltsam Wort,
findt merr Kontakte da sofort?
E Haftschal braucht merr heutzutage
net nur im Gefängnis trage.

Am Gestell von ere Brill,
sieht merr vieles, wenn merr will.
Sehr viel Horn segt, guckt nur her,
bittesehr, ich bin doch wer.
Goldgestell, des zeigt den Mann,
der's hat un der's bezahle kann.
Metallgestelle, net zu dick,
die zeuge von Geschmack un Chic.
Runde Brille möchte gern,
dass merr vermut: der hat e Hern!
Bleibt trotz Gestell de Eidruck blass,
dann is draa schuld die Krankekass.

Sieht mancher Mann aus wie verbote,
die Fraue-Brill geht mit de Mode.

Was sin die hin un hergeschwunge,
mehr noch bei Alte als bei Junge.
Un glitzern aach noch die Brillante ...
... ich wollt, es wär mei Erbschaftstante.

Jetzt guckt Ihr wie en Brillemann,
wie mit de Brill brilliern merr kann,
was von de Brill mit Brill ich las.

Ich nemm mei Brill jetzt von de Nas,
bevor noch aaner brille will:
Geh naus un hock dich auf die Brill!

VOM ESSEN UND TRINKEN

Wenn merr uff's Esse wart ...

Es is nadierlich ganz verschiede.
Manchmal is merr ganz zufriede,
wenn merr mit ruhigem Intresse
sich betracht' was annern esse.
Des is, wenn merr kaan Hunger hat,
is noch vom gude Friehstick satt,
merr krieht ganz langsam Appetit
un kaut schon in Gedanke mit.
Awwer! Wenn de Mage knorrt,
merr schon dehaam is hungrig fort,
aam de Ober iwwersieht,
de Nachbar 's Esse frieher krieht,
obwohl er später hat bestellt,
da werd ich bees, hat's fest geschellt!
Des haaßt, mei Fraa beruhigt mich:
Hab doch Geduld, bleib still wie ich.
Ich glaab, mei Fraa versteht mich net:
Wenn die wie ich so'n Hunger hätt!

Ebbelwei-Gedanke

Grüß Gott, tritt ein – trink Ebbelwei.

Es is nie zu frieh, um in e
Wertschaft eneizugehe,
awwer öfters zu spät, wenn merr erausgeht.

Den kann merr net mehr für voll nemme,
der is es nämlich.

Awends hat merr en ausgeruhte Dorscht
un morjens hat merr dann selbst net
ausgeschlafe.

Nix is vollkomme, hat die Fraa gesagt,
nur mein Mann, der is heut Nacht
voll komme.

Mei Fraa is sauer – es gibt kaan Sieße.

Wer e eisern Gesundheit hat,
soll kaan Gespritzte trinke,
sie könnt em vom Wasser aaroste.

Lieber en trockene Witz als en trockene Bembel,
un lieber e feucht Kehl als nasse Fieß.

En gescheite Schoppe Ebbelwei – kann de
Dümmste trinke.

Wen Gott lieb hat, dem lässt er
de Ebbelwei gut schmecke.

Nur e Schlückche…

Zum besseren Genuss dieser Verschen empfiehlt es sich, Ihr Lieblingsgetränk bereitzustellen und erst ein Schlückchen zu trinken. Dann geht's los:

Gell, des lief grad wie geschmiert?
Wisst Ihr aach wie's funktioniert?

Ob beim Trinke oder Nippe
geht des Zeug erst dorch die Lippe
uff die Zung, die sich verdickt
und's iwwern Gaume rückwärts drickt,
zu Zungegrund un Gaumeböge
de hinn're Rachewand entgege.
De Kehlkopp, der zieht sich enuff,
de Kehldeckel – der legt sich druff,
dass ja nix in die Luftröhr kimmt!
Damit aach owwe alles stimmt
schließt gleichzeitig de weiche Gaum
nach dere Seit de Naseraum.
Die Schlundkopfmuskle ziehn sich ei,
un in die Speiseröhr enei,
werd dann des Schlückche hiegedrückt,
wo's ruckweis ab zum Mage rückt.

Was so aan Schluck für Arweit kost
is net zu glaube – also Prost!

Der Schluck wär jetzt im Mage, gelle?
Dort sin schon Brot un Frikadelle,
Rippcher, Käs un Spiegelei,
so en richt'che Bambesbrei.

Dadruffhie kimmt die Verdauung,
hoffentlich gehts ohne Stauung.
Hilfe kimmt von iwwerall:
von de Lewwer un de Gall,
von eme ganze Drüseschwarm,
von iwwer siwwe Meter Darm…

Drum Freunde, lebt in Saus un Braus,
was reikimmt – kimmt aach widder raus!

Was sowas schreiwe Nerve kost,
is net zu glaabe – – also Prost!

De Sieße

De Sieße gibt's jetzt iwwerall.
Doch is de Sieße net mein Fall.
Warum der Fraue schmeckt un Kinner,
ich komm da aafach net dehinner.

Ich deht vielleicht emal draa nippe,
befeucht merr höchstensfalls die Lippe,
doch kann ich en halt net genieße.
Es hilft merr nix, ich mag kaan Sieße.

Dinieren

Vor eme Ebbelweilokal
in Sachsehause stand emal
ein Herr un hat ganz intressiert
die Speisekart dort inspiziert.
Es war en Herr, des sah merr draa,
weil, er hat Schlips und Krage aa
un Scherm un Mantel iwwerm Arm,
obwohl's seit Tage briehhaaßwarm.
Uff jeden Fall, der Herr stand da
un guckt die Speisekart sich aa.
Die Hausmannskost, die da zu lese
is scheint's net sein Geschmack gewese,
er hat die Brutsch verzoge nur
un zeigt von Abbedit kaa Spur.

De Wert, de Kall, sieht den da draus
un kimmt aus seiner Wertschaft raus.
„Mein Herr“, duht er sei Redd beginne,
„no, duh'n Se net des Richt'che finne?
Was duh'n Sie für Gelüste quäle,
vielleicht kann ich da was empfehle?“
Der Herr mit leichtem Stimmvibrieren:
„Ich möchte eigentlich dinieren.“

„Ja, des is schlecht uff jeden Fall“,
vernimmt merr da de Wert, de Kall,
„die Niern, die Niern sin leider all!“

Belegte Brödcher

Kerzlich war ich wo zu Gast
un hat mit Brödcher schee mei Last.

Ich waaß, dem Rationelle wege
muss merr die Brödcher schon belege
lang bevor en Gast zu seh' –
nachher – duht des zu langsam geh'.
Nur, die Brödcher, knusprig frisch,
die duh'n dann bees verännern sich,
un aus em knackisch-lockre Happe
werd dann en zähe aale Schlappe.
Die Brödcher wer'n dann noch garniert,
mit Grienzeug owwe dekoriert.
Da reizubeiße, des is schwer,
merr hat die Maulsperr hinnerher.
Merr kann des Zeug aach runnernemme,
mit Blummekohl un Gorke schlemme.
Da lieht dann rohe Schinke drunner,
wär' der mal zart, wär' des e Wunner.
Gewehnlich krieht merr den net ab
un isst en ohne Brödche – schlapp.
Merr sieht dann wenigstens gewiss,
ob uff dem Brödche Butter is.

Ich – als Belegte-Brödcher-Esser
geb Euch en Rat – dann habt Ihr's besser:
Esst nur die Brödcher mit Tatar,
(merr nennt's aach Hackflaasch. Alles klar?)
Un is des gut gewerzt mit Zwiwwel,
dann riecht merr nachher aach net iwwel,
un es wer'n zum gute Schluss
belegte Brödcher en Genuss.

Handkäs-Gedicht

Gewiss, es is des Handkäsrieche
garnet immer e Vergniege.
Is mer so schee beim Schoppetrinke
un links un rechts duhn Handkäs stinke.
Des kann aam stinke.

Wer belästigt vom Geruch
waaß vom Handkäs net genug,
hat noch nie etwas geheert
von seim innerliche Wert.
Des is e Belehrung wert.

Handkäs lässt sich leicht verkaue
und vor allem gut verdaue.
Mit sei'm Eiweiß is er Keenig,
Kalorie hat er wenig.
Des allaa is schon net wenig.

Riecht er net grad wie e Rös'che,
mit Musik, seim Zwiwwelsöß'che
und mit Butter, Brot un Kimmel
stinkt er net nur brav zum Himmel.
Naa, mer fühlt sich wie im Himmel.

Sowas Gutes un Gesundes,
flaches, gelbes, speckig-rundes
hat mer gern als Leibgericht:
Dieser Käs is e Gedicht!
Darum dieses Käs-Gedicht.

De Rauscher

Manche warte, wann des stimmt,
bis de Rauscher endlich kimmt.
Mir hat de Rauscher nix zu biete.
Geschmack is Gottseidank verschiede.

Des is doch e halbfertig Sach,
aus der ich werklich merr nix mach.
Da wart ich uff de neue Helle,
der schmeckt nach Ebbelwei, gell, gelle?

Abstinent?

Ich hab mer seit de vorig Woch'
ganz ernsthaft vorgenomme doch
mal völlig abstinent zu sei,
kaan Schnaps, kaa Bier, kaan Ebbelwei.
Nur Wasser un Kamilletee.
Des Zeug schmeckt zwar net halb so schee,
jedoch fühl ich mich trotzdem wohl
bei acht Tag ohne Alkehol.
Des soll kaan Dauerzustand sei,
ab morje trink ich widder Wei.
Ich wollt ganz aafach emol seh
ob ich dann sowas iwwersteh.
Es is mer garnet schlecht bekomme
un zwaa Pund hab ich abgenomme.
Un dann noch die gesparte Koste
soll ich jetzt morje widder proste?
De Mensch lebt net vom Spar'n allei,
er brauch aach ab un zu sein Wei.

Grün' Soß, ein Gedicht

Warum ich dies in Vers' bericht'?
Grün' Soß – die is doch e Gedicht!
Man hört von allerlei Bekannte
bestimmt auch allerlei Variante.
Wobei ich awwer gleich erläuter:
Mehr brauch zu Grün' Soß siwwe Kräuter.
Schnittlauch, Sauerampfer, Kresse,
Petersilie net vergesse,
Borasch, Kerbel, Pimpernelle
des wärn glaab ich siwwe, gelle?
Wichtig is vor alle Dinge
des Ganze klaagehackt zu bringe,
gut zu mische – weils nur stimmt
wenn die Mischung richtig kimmt.
Die Geschmackskomposition
is e ganz alt Tradition.
Die Mischung war der erste Clou –
Es gehört noch mehr dezu!
Des Gelb von hartgekochte Eier
streicht mer dorchs Sieb (net dorch de Seier),
verrührts mit Essig, Öl un Salz,
e bissi Zucker ebenfalls.
Des Eiweiß hackt mer aach noch fei
un gibt des in die Schissel rei.
Jetzt Kräuter, Soß, gehacktes Ei,
verrührt zu eme dünne Brei.
Des is e Söß'che was entzickt.
Ganz Frankfort is dadruff verrickt!
Die Grün' Soß kimmt dann uff de Tisch
zu Ochsefleisch, Kartoffel, Fisch.
Wer aamol hier Grün' Soß duht esse
werd unser Frankfort nie vergesse.

Wenn mer uff „Linie“ is bedacht
werd’s etwas annerster gemacht.
Mit Joghurt, Zucker, Senf un Salz
mecht mer sich dann des Sößche als,
e bissi noch Zitronesaft
un dann die Kräuter reigeschafft,
gekochte Eier, klaagehackt,
die wern dann noch dezugepackt.
Un die Grün’ Soß, die isst dann jeder
der achtbasst uff sei Zentimeter
am Hüftumfang – un jeden Tag
sich wagt zum Wiege uff die Waag.
Nun gibt’s nadierlich Variante,
am Beste frage Se Bekannte…

Wie merr Quetschekuche mecht!

Freut Euch Leut, es ist soweit,
merr hawwe Quetschekuchezeit.
In Kaffees un in Bäckereie
sieht merr die Quetschekuche leie.

Wenn ich den awwer selwer back
is der noch besser im Geschmack.

Beim Hefedaasch, da spart merr net
vielleicht gar mit e bissi Fett,
de Boddem dinn, die Kucheränd’
sind knusprisch, doch net aagebrennt.

Pflaume kann merr net gebrauche,
die duhn als Quetsche gar nix tauge,

die schmecke nix, sin wässrig-waasch,
versaue aam de Hefedaasch.

Die Quetsche soll mer erst entkerne
un aach die Wermcher draus entferne,
des haaßt, da kimmt mer grad in'n Sinn,
am beste, es sin garkaa drin.

Jetzt wird die Quetsch fei eigeschnitte,
schee sauwer, net verrobbe bitte,
un dann gelegt dicht beienanner
in Reih un Glied, aa an die anner.

Sin mal zu saftisch Euer Quetsche,
dann hilft kaa Jammern un kaa Kretsche,
geriwwne Mandele streut druff,
die suggele de Saft schon uff.

Un jetzt is Schluss mit meine Sprüch,
mei Fraa rieft nemlich aus de Küch:
„Fertig is de Quetschekuche!"
Da hält mich nix – ich muss versuche!

Jetzt mache merr e Friehjahrskur

Jeder is für Friehjahrskur,
hat die beste Vorsätz nur,
will entfette un entschlacke,
un mer maant, des müsst merr packe.

Ach, was wolle merr gern alle
unsern Gürtel enger schnalle,
annrerseits möcht merr debei
aach net am Verhungern sei.

Jetzt wo uns die Gaumefreude
mehr als jemals duhn bedeute,
lebe nur mit Null-Diäte
könne Kranke nur un Bleede.

Was merr backe, koche, brate,
was merr krieht in jedem Lade,
was aam schmeckt un was merr brauch,
mecht am dick, merr krieht en Bauch.

Ach, ging doch de Winterspeck
mit de Schneeschmelz aach eweg.
Hier bei uns gab's fast kaan Schnee,
doch de Speck is schee zu seh'.

Duht merr leichter sich bekleide,
schmückt de Speck aam alle Seite,
„rundet" die Figur schee ab,
alles basst aam grad noch knapp.

Duhn die Forme iwwerquelle,
fühlt merr sehr beengt sich, gelle,

un wenn des so weitergeht,
platzt merr noch aus alle Näht.

Naa, sag ich, des muss net sei,
ewe schränke merr uns ei!
Allerdings, in dere Woch
geht's net, hat die Sach e Loch.

Zwaamal sin merr eigelade
un soll merr vom scheene Brate,
von de Worscht, dem Käs, dem Kuche
garnix esse, net versuche?

Merr kann doch die Leut net kränke!
Naa! Was dehte die dann denke,
isst merr nix von ihre Sache.
Naa, *die* Woch is nix zu mache.

Ich duh's für die nächst Woch plane.
Doch ich ahn' schon jetzt des aane,
naa, ich waaß es ganz bestimmt,
dass merr was dezwische kimmt.

LIEBES VON DE LIEB'

Küsserei

Schon klaane Kinner duhe küsse,
weil se wolle odder müsse.
Der Jugend steht des Küsse zu,
die duhe des aach fleißig duh'.
Die Ältere, die küsse aach,
doch lasse als die Lüste nach.
Des haaßt, fast jeder sehnt e bissche
sich mal nach eme süße Küssche.
Ganz unverbindlich sozusage
genießt er des mit Wohlbehage,
weil kaa Verpflichtunge entstehe
un hinnerher nix muss geschehe.

So ännern sich des Lewens Zeite,
aach en Genießer werd bescheide.
Doch bleibt en Kuss stets nur Genuss,
dann wenn merr will – net wenn merr muss!

Nach de Sterne greife?

Im Grund genomme is des so:
Ich versteh' da nix devo!

Vom große un vom klaane Wage,
da kann ich Ihne garnix sage
und aach die ganz Familie Bär,
die kenn ich nur so ungefähr.
Wisst ich nur, was die Milchstraß' wär!

Fährt da de Milchmann hie un her?
Vom Wassermann waaß ich bestimmt,
dass er net von Bad Vilbel kimmt...
Hör ich vom Skorpion was spreche,
waaß ich, der duht von hinne steche.
Die Venus? Naa, die lässt mich kalt,
die is ja Jahrmillione alt!

Was soll des aach, ich hab mein Stern!
Un diesen Stern, den habb ich gern
un greif aach gern nach diesem Stern.
(Un dieser Stern, der hat des gern.)
Bei dem guck ich net in de Mond,
da waaß ich, dass des Greife lohnt!

Zwaa im herbstliche Wald

Es färbe buntisch sich die Blätter,
es is e sonnig, herbstlich Wetter,
de Wald is still, ganz voller Ruh,
selbst Du behälst Dei Mäulche zu.

Wir gehe Hand in Hand spazier'n
un duhn Gefiehle in uns spiern ...
Von ält're Leut' deht merr da sage:
De Herbst hat aach sei warme Daage.

ZUM GUTEN SCHLUSS

Was is dann mit dem Winter los?

Sagt emal, wo bleibt der bloß!
Was is dann mit dem Winter los?
Kimmt der iwwerhaupt net mehr?
Sagt emal, wo bleibt dann der?

Net, dass ich en brauche deht,
dass de Sinn nach Kält merr steht,
nach kalte Ohrn, Nas, Händ und Fieß,
die Fieß aach naß noch iwwerdies.

Trotzdem: E bissi weiße Schnee,
des deht ich aach ganz gern mal seh'.
Un de Kinner fehlt doch was,
was mecht des Schlittefahrn für'n Spaß!

Basst uff, was ich jetzt sag, des stimmt:
Spät kimmt er, doch bestimmt, er kimmt!
Vielleicht steht er schon vor de Dier?
Heert uff! Gleich fang ich aa un frier.

Vom Friern

Die meiste Mensche duht's scheniern
wenn se bei Kält im Winter friern.

Merr kann sich ja degege schitze,
nur annerster als wie beim Schwitze.
Zuerst zieht mer was Warmes aa,
gestrickte Strimp an beide Baa,

vielleicht e Unnerhos aus Woll,
die warm (doch heiß net) mache soll,
e Wämsi, Westche, wollern Leibche,
dazu en Mantel noch des Weibche
aus Stoff, Persianer odder Nerz.
Bei Männern gibt's da so kaa Ferz,
die wisse immer was se wolle,
weil se nur Wolle trage solle.
Mer schlingt en Schal sich um de Krage
un kann sogar en Hut ertrage.
Aach Handschuh sin noch aagebote,
sonst friern die Griffel un die Pfote.

Die Ohr'n kann mer vielleicht noch schitze,
doch selte nur die Nasenspitze.
Die werd gleich rot von alle Seite,
des will doch kaaner net bestreite?

Legt mer des abends sich zur Ruh,
denn deckt mer sich ganz sorgsam zu,
un mancher lang schon vorher schwärmt:
„Ich hab mei Bett schee aagewärmt".
Bekannt un werklich wahr is dies:
Die Fraue hawwe kalte Fieß.
Die duhn sogar ihr'n Bettgenosse
die kalte Fieß noch merke losse
un lege se dem Arme auch
vielleicht noch uff de warme Bauch.

Bis hierher wisse Se Bescheid,
von jetzt ab kimmt die Neuigkeit:

De Mensch, der hat uff seine Haut
viel Kältepünktcher eigebaut,

wovon er, gell jetz' sin Se platt:
Zwaahunnertfuffzigdausend hat!
Die gewwe Nachricht ans Gehern:
„Auf los, es derf geschnattert wern!"
Des Hern, des funkt sofort zurick:
„Verstanden! Pünktcher, macht euch dick!"
Un als Erfolg da hammer dann:
die Gänsehaut, – sogar beim Mann!

Prost Neujahr!

Des aale Jahr is abgeschlosse,
es is erum un is vorbei,
heut abend noch werd's abgeschosse,
da gibt's kaan Kratzer uff de Gei.

Da sin merr am „Prost-Neujahr" schreie
un gewwe Kisscher, stoße aa,
verknalle Feuerwerk im Freie:
Heut is kaan Deiwel gern allaa!
Im Jahr, da hammer Glick un Dalles,
doch is dem greeßte Simbel klar:
Am Schluss debei sei, des ist alles,
un widder kreische:
Prost-Neujahr!

Christkindchesmarkt

„Weihnachtsmarkt“ haaßt’s offiziell,
doch wir wisse’s besser, gell?
„Christkindchesmarkt“ war’s bei de Alte
un da sollt merr sich draa halte.

Des klingt lieber, mehr beschaulich,
weihnachtsfestlich, herzlich, traulich.
Dort solle Kinnerauge leuchte,
net nur de Glühwei’ Häls befeuchte.

E bissi weihnachtlich Gefiehl,
Trompeteblase, Glockenspiel,
Nadelbäum un Christbaumglocke
duhn uff de Römerberg uns locke.

De Römer un dezu die Kerch,
die Fachwerk-Seit vom Samstagsberg,
de Schwarze Stern, des Himmelszelt …
wo gibt’s des noch uff dere Welt?

„Christkindchesmarkt“, so soll er heiße
un uff des „Frohe Fest“ hinweise.
Manchmal derf merr schon betone
unser alte Traditione!

Des war's

Wir sin am End, am Schluss vom Buch.
Zwar lacht de Mensch ja nie genug,
doch legt merr aach als Pause ei,
es gibt ja net nur Sonneschei.

Nadierlich könne niemals alle
Gedichtcher alle all gefalle,
doch hab' am Aafang ich gesagt:
De Leut e bissi Freud gemacht,
is aach net schlecht!
Hab' ich net recht?